The Usborne Book of
Everyday Words
in Irish

Leabhar focal Gaeilge
do gach lá

Dearthóir agus déantóir mionsamhlacha: Jo Litchfield

Eagarthóirí: Rebecca Treays, Kate Needham agus Lisa Miles
Aistritheoirí: Europus, An Comhlacht Teanga
Comhairleoir Gaeilge: Dr. Nollaig Mac Congáil agus Áine Nic Cárthaigh
Grianghrafadóireacht: Howard Allman
Déantóir mionsamhlacha: Stefan Barnett
Eagarthóir bainistíochta: Felicity Brooks
Bainisteoir deartha: Mary Cartwright
Láimhsiú grianghrafadóireachta agus dearadh: Michael Wheatley

Buíochas do Inscribe Ltd. agus Eberhard Faber as an t-ábhar múnlóireachta Fimo® a sholáthar

Everyday Words is a stimulating and lively wordfinder for young children. Each page shows familiar scenes from the world around us, providing plenty of opportunity for talking and sharing. Small, labelled pictures throughout the book tell you the words for things in Irish.

There are a number of hidden objects to find in every big scene. A small picture shows what to look for, and children can look up the Irish word for the numbers on page 43.

Above all, this bright and busy book will give children hours of enjoyment and a love of reading that will last.

An teaghlach

deirfiúr   dearthair   iníon   athair   mac   máthair

seanmháthair   seanathair

garmhac   gariníon

3

An baile mór

 Aimsigh cúig charr déag

stáisiún peitril

ollmhargadh

siopaí

ospidéal

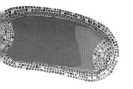

linn snámha

scoil

carrchlós

pictiúrlann

droichead

5

An tSráid

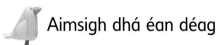 Aimsigh dhá éan déag

siopa báicéara

freastalaí

garda síochána   siopa poitigéara   bugaí linbh   stad an bhus

siopa búistéara

madra

caife

clár scátála

fear dóiteáin

pram

lampa sráide

oifig an phoist

cat

báicéir

7

An teach

 Aimsigh ocht gcupán

 doras

 murlán dorais

 brat urláir

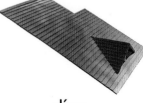 díon

 ráille staighre

áiléar

seomra
leapa

seomra
staidéir

seomra
folctha

seomra
teaghlaigh

halla

cistin

teallach

lasc solais

ruga

fuinneog

staighre

9

An gairdín

 Aimsigh seacht bpéist déag

péist chabáiste

próca
bláthanna

beach

grafóg

cnámh

10

drúchtín

bóín Dé

duilleog

seilide

seangán

ráca

conchró

crann

barbaiciú

féileacán

bara rotha

síolta

nead

lomaire faiche

11

An chistin

 Aimsigh deich dtráta

doirteal

scian

meaisín níocháin

tóstaer

cathaoir

fochupán

bord

cupán

friochtán

12

oigheann
micreathoinne

forc

criathar

cócaireán

spúnóg

panna
deannaigh

miasniteoir

pláta

sáspan

crúiscín

babhla

cuisneoir

13

Rudaí le n-ithe

briosca   builín

pasta   rís   plúr   arbhar

sú torthaí   mála tae   caife   siúcra

bainne   uachtar   im   ubh   cáis   iógart

sicín   cloicheán   ispín   bagún   iasc   salami

liamhás   anraith   pizza   salann   piobar   mustard

citseap   mil   subh   rísíní   piseanna talún   uisce

anann	piorra	teile	líomóid	péitseog	aibreog
silín	banana	sú talún	sú craobh	mangó	seadóg
pluma	cnó cócó	oráiste	mealbhacán uisce	mealbhacán	fíonchaora
úll	toradh kiwi	tráta	abhocadó	práta	pónairí glasa
cúirséad	cabáiste	oinniún	muisiriún	cairéad	ubhthoradh
cainneann	brocailí	cóilis	piseanna	spionáiste	meacan biatais
leitís	soilire	arbhar milis	cúlarán	cillí	piobar

15

An seomra teaghlaigh

 Aimsigh ceithre mhuga

dlúthdhiosca

sparán

cathaoir uilleach

folúsghlantóir

DVD

tolg

seinnteoir DVD

steirió

míreanna mearaí

teilifíseán

fliúit Shasanach

bláth

babhla torthaí

tambóirín

tráidire

cúisín

pianó

cluasáin

An seomra staidéir

deasc

Aimsigh naoi bpeann

ríomhaire

guthán

iris

giotár

planda

leabhar

crián

grianghraf

18

An seomra folctha

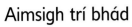 Aimsigh trí bhád

gallúnach

báisín

tuáille

pluga

leithreas

folcadán

páipéar leithris

cíor

seampú

cithfholcadán

An seomra leapa

 Aimsigh ceithre dhamhán alla

crogall

trumpa

cófra
tarraiceán

róbó

leaba

béirín

roicéad

bábóg

druma

20

spásárthach

eilifint

raidió

nathair

clog aláraim

puipéad

bord cois leapa

leon

blaincéad

sioráf

cártaí imeartha

Timpeall an tí

taos fiacla

scuab fiacla

nuachtán

litir

dallóg

cuirtín

cuilt chlúimh

piliúr

albam grianghraf

bord iarnála

iarann

inneall fuála

vása

luchóg

pota

spúinse

sconna

scuab ghruaige

scáthán

bosca bruscair

leacht níocháin

áireamhán

bréagáin

lampa

Modhanna taistil

otharcharr

inneall dóiteáin

carr gardaí

héileacaptar

leoraí

carr

tochaltóir

scútar

bád

canú

carbhán

eitleán

balún aeir the

tarracóir

tacsaí

rothar

bus

gluaisrothar

fomhuireán

traein

carr rása

veain

carr cábla

carr spóirt

An fheirm

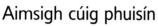 Aimsigh cúig phuisín

banbh

muc

gé

tarbh

bó

gamhain

coileach

sicín

cearc

scioból

coinín

caora

uan

lochán

asal

gabhar

feirmeoir

turcaí

geata

lacha óg

lacha

coileán

capall

25

An seomra ranga

 Aimsigh fiche crián

 bioróir

 tacas

 peann

 páipéar

 peann feilte

 cailc

 crúca cótaí

 siosúr

 clár dubh

26

sreang

stól

peann luaidhe

scriosán

téip
ghreamaitheach

gliú

bloicíní

péint

scuab phéinte

clog

cóipleabhar

rialóir

múinteoir

27

An chóisir

 Aimsigh aon úll déag

seinnteoir
dlúthdhioscaí

bronntanas

foghlaí
mara

buachaill bó

dochtúir

brioscáin phrátaí

poparbhar

balún

ribín

cáca milis

seacláid

uachtar reoite

cárta

banrinceoir

maighdean mhara

spásaire

milseán

coinneal

deochán

cathaoir ard linbh

fear grinn

29

An tIonad campála

Aimsigh dhá bhéirín

mála taistil

puball

ceamara

raidió

mála droma

tóirse

pas

airgead

liathróid pheile

scáth báistí

mapa

déshúiligh

puisín

ticéad

Rudaí le caitheamh

T-léine

bríste géine

bríste dungaraí

gúna

sciorta

riteoga

pitseámaí

fallaing sheomra

veist

bráidín

geansaí

sóléine

cairdeagan

bríste

naprún

léine

cóta

culaith spóirt

bríste gairid

fobhríste

culaith shnámha

bríste snámha

bicíní

carbhat

crios

gealasacha

sip

cnaipe

scairf

spéaclaí

spéaclaí gréine

suaitheantas

uaireadóir

stoca

lámhainn

hata

caipín

clogad

buatais

bróg reatha

bróg bhailé

slipéar

bróg

cuarán

An cheardlann

 Aimsigh trí luch déag

bosca uirlisí

fraschanna

tairne

casúr

scian phóca

scriúire

canna stáin

damhán alla

34

sábh

bís

eochair

péist

buicéad

rámhainn

lasán

bosca cairtchláir

roth

píobán

rópa

leamhan

castaire

scuab

An pháirc

 Aimsigh seacht liathróid pheile

linn lapadaíola

buachaill

éan

ceapaire

raicéad leadóige

borgaire

eitleog

leanbh

brocaire te

sceallóga

cathaoir rotha

cailín

luascáin

crandaí bogadaí

áilleagán intreach

sleamhnán

Baill den chorp

ceann

cluas

teanga

srón

béal

fiacla

súil

droim

bolg

imleacán

lámh   cos   uillinn   glúin

lámh   cos   méar   ordóg   tóin

gruaig fhada   **gruaig ghearr**   **gruaig chatach**   **gruaig dhíreach**

Gníomhartha

ag codladh

ag rothaíocht

ag marcaíocht

ag miongháire

ag gáire

ag gol

ag canadh

ag siúl

ag rith

ag léim

ag ciceáil

ag scríobh   ag péinteáil   ag tarraingt   ag léamh   ag gearradh   ag greamú

ag suí   ag seasamh   ag brú   ag tarraingt

ag ithe   ag ól   ag ní   ag pógadh   ag croitheadh láimhe

Cruthanna

ubhchruth

ciorcal

corrán

triantán

cearnóg

dronuilleog

réalta

Dathanna

dearg

bándearg

buí

donn

liath

gorm

corcra

bán

glas

dubh

oráiste

Jimhreacha

1   aon bhus amháin

2   dhá bhuilín

3   trí lacha óga

4   ceithre bhád

5   cúig bhróg

6   sé liathróid pheile

7   seacht n-éan

8   ocht mbalún

9   naoi bpiobar

10   deich luch

11   aon chupán déag

12   dhá bhloicín déag

13   trí pheann déag

14   ceithre úll déag

15   cúig chnaipe dhéag

16   sé uachtar reoite déag

17   seacht mbanana dhéag

18   ocht gcáca milis déag

19   naoi bpéist déag

20   fiche bronntanas

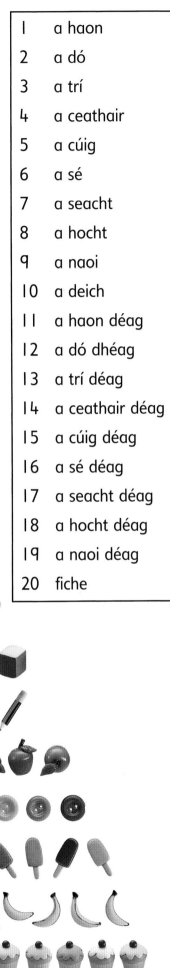

1	a haon
2	a dó
3	a trí
4	a ceathair
5	a cúig
6	a sé
7	a seacht
8	a hocht
9	a naoi
10	a deich
11	a haon déag
12	a dó dhéag
13	a trí déag
14	a ceathair déag
15	a cúig déag
16	a sé déag
17	a seacht déag
18	a hocht déag
19	a naoi déag
20	fiche

43

Liosta focal

**Déantóirí mionsamhlacha eile: Les Pickstock,
Barry Jones, Stef Lumley agus Karen Krige.
Buíochas do Vicki Groombridge, Nicole Irving
agus The Model Shop, 151 City Road, London.**